I0479954

Online Geld verdienen mit Print on Demand

Die Anleitung für Einsteiger

von

CashOutGame

Inhaltsverzeichnis

Einführung in das Konzept von Print on Demand

Print on Demand, oder auf Deutsch "Druck auf Bestellung", ist ein Geschäftsmodell, bei dem Produkte erst nach einer Bestellung produziert und versandt werden. Dieses Konzept hat in den letzten Jahren an Popularität gewonnen und bietet viele Vorteile für Unternehmer und Verkäufer.

Zunächst einmal bedeutet Print on Demand, dass es keine Notwendigkeit gibt, große Mengen an Produkten im Voraus zu produzieren oder zu lagern. Dies spart Zeit, Geld und Platz, da das Unternehmen nicht in große Lagerräume oder Lagerhäuser investieren muss.

Darüber hinaus kann das Konzept von Print on Demand auch für Einsteiger einfach und bequem sein, da es keine speziellen Fähigkeiten oder Ausrüstungen erfordert. Alles, was man benötigt, ist eine Idee für ein Produkt und eine Plattform, auf der man es verkaufen kann.

Ein weiterer Vorteil von Print on Demand ist, dass man eine größere Auswahl an Produkten anbieten kann, ohne dass man jedes einzelne Produkt einzeln produzieren und lagern muss. So kann man auf die Bedürfnisse und Wünsche seiner Kunden besser eingehen und ihnen eine größere Auswahl an Produkten anbieten.

Print on Demand ist auch eine hervorragende Möglichkeit, um online Geld zu verdienen. Man kann seine Produkte auf verschiedenen Plattformen wie Amazon, Etsy oder eigene Online-Shops verkaufen. Dabei kann man seine Produkte an eine weltweite Kundschaft verkaufen und dadurch sein Einkommen erhöhen.

In Bezug auf die Kosten ist Print on Demand eine kosteneffiziente Lösung, da man keine großen Investitionen in Vorrat, Lagerung oder Produktion tätigen muss. Stattdessen zahlt man nur dann, wenn ein Produkt verkauft wurde.

Insgesamt bietet das Konzept von Print on Demand viele Vorteile für Unternehmer und Verkäufer, insbesondere für Einsteiger. Es ist eine kosteneffiziente und flexible Lösung, um online Geld zu verdienen und eine größere Auswahl an Produkten anzubieten. Es ist eine exzellente Möglichkeit, um seine kreativen Ideen in die Tat umzusetzen.

Wie funktioniert Print on Demand?

Print on Demand (POD) ist eine moderne Art, Produkte zu verkaufen und zu produzieren. Im Gegensatz zu konventionellen Produktionsmethoden, bei denen große Mengen an Waren produziert und gelagert werden müssen, bevor sie verkauft werden, werden bei POD erst Produkte produziert, wenn sie auch tatsächlich bestellt werden. Dies bietet einige Vorteile für Unternehmer, die online Geld verdienen möchten.

Mit POD können Sie eine Vielzahl von Produkten anbieten, ohne dass Sie große Mengen an Lagerbeständen aufbauen müssen. Sie müssen nur ein Design erstellen oder eines kaufen und es auf einer Online-Plattform hochladen, die POD anbietet. Sobald ein Kunde ein Produkt mit Ihrem Design bestellt, wird es auf Bestellung produziert und direkt an den Kunden verschickt. Sie müssen sich um nichts weiter kümmern als um die Verwaltung Ihres Designs und die Vermarktung Ihrer Produkte.

Ein weiterer Vorteil von POD ist die Möglichkeit, Produkte zu personalisieren. Sie können ein einzigartiges Design für eine bestimmte Zielgruppe erstellen und es auf einer POD-Plattform anbieten. Dies kann ein großer Vorteil sein, wenn Sie spezielle Interessen oder Nischenmärkte bedienen möchten.

Ein weiteres wichtiges Merkmal von POD ist die Flexibilität. Sie können jederzeit Ihr Design ändern oder neue Designs hinzufügen, ohne dass Sie sich Gedanken über die Überreste von unverkauften Produkten machen müssen. Auch die Produkte selbst können jederzeit angepasst werden, um den Anforderungen Ihrer Kunden gerecht zu werden.

POD bietet auch eine gute Gelegenheit, passive Einkommensströme aufzubauen. Einmal erstellte Designs können immer wieder verkauft werden, ohne dass Sie weitere Arbeit leisten müssen. Außerdem müssen Sie sich keine Sorgen um den Versand oder den Kundensupport machen, da dies von den POD-Plattformen übernommen wird.

Es ist jedoch wichtig zu beachten, dass POD nicht für jedes Unternehmen geeignet ist. Die Kosten für einzelne Produkte sind höher als bei traditionellen Druckmethoden, wodurch es schwieriger wird, Gewinne zu erzielen, wenn man Produkte zu niedrigen Preisen verkaufen möchte. Ebenso kann es länger dauern, die Produkte zu produzieren und zu liefern, was die Kundenzufriedenheit beeinträchtigen kann.

Dennoch bietet POD ein großes Potenzial für Unternehmen, die hochwertige und personalisierte Produkte anbieten möchten, ohne in große Bestände investieren zu müssen. Es ermöglicht es Unternehmen, schnell auf die Nachfrage ihrer Kunden zu reagieren, ohne große finanzielle Risiken einzugehen.

Wer sich ernsthaft für das Thema Print on Demand interessiert, sollte sorgfältig die Vor- und Nachteile abwägen und die eigene Geschäftsidee genau überprüfen, bevor man in das Geschäft einsteigt. Mit einer guten Planung, einer klaren Marketingstrategie und hochwertigen Produkten kann man jedoch erfolgreich online Geld verdienen mit POD.

Abschließend lässt sich sagen, dass Print on Demand eine vielversprechende Möglichkeit für Unternehmen darstellt, online Geld zu verdienen. Es ist jedoch wichtig, sorgfältig zu planen und die Vor- und Nachteile abzuwägen, bevor man sich in das Geschäft stürzt. Mit einer klugen Geschäftsidee, hochwertigen Produkten und einer soliden Marketingstrategie kann man jedoch erfolgreich sein und sich von der Konkurrenz abheben.

Vorteile des Online-Geldverdienens mit Print on Demand

Online-Geldverdienen mit Print on Demand (POD) ist ein relativ neues Konzept, das viele Vorteile bietet. Einer der größten Vorteile ist, dass es keine hohen Investitionskosten erfordert. Im Gegensatz zu traditionellen Herstellungsmethoden müssen bei POD keine großen Mengen an Produkten im Voraus produziert werden. Stattdessen werden die Produkte erst dann hergestellt, wenn sie tatsächlich verkauft werden.

Ein weiterer großer Vorteil ist die Flexibilität. Da POD ein rein digitales Konzept ist, können Produkte jederzeit und überall angeboten werden. Außerdem ist es möglich, eine große Vielfalt an Produkten anzubieten, ohne dass man selbst Lagerräume benötigt. Dies ist besonders für Unternehmer interessant, die ihr Sortiment ständig erweitern möchten, ohne dass es zu einem Anstieg der Lagerkosten kommt.

Ein weiterer Vorteil ist, dass das Risiko minimiert wird. Bei POD wird das Risiko minimiert, indem man keine großen Mengen an Produkten im Voraus produzieren muss. Stattdessen werden die Produkte erst dann hergestellt, wenn sie tatsächlich verkauft werden. Dies bedeutet, dass man nicht das Risiko eingeht, mit unverkauften Produkten belastet zu werden.

Ein weiteres Plus ist die Möglichkeit, ein passives Einkommen aufzubauen. Mit POD kann man ein passives Einkommen aufbauen, indem man einmalig ein Produkt erstellt und es dann immer wieder verkaufen kann, ohne dass man weitere Arbeit dafür leisten muss.

Auswahl des richtigen Druckpartners

Auswahl des richtigen Druckpartners ist von entscheidender Bedeutung, wenn es darum geht, erfolgreich Online-Geld mit Print on Demand zu verdienen. Der richtige Partner kann Ihnen helfen, Ihre Produkte schnell und effizient zu produzieren, zu verkaufen und zu versenden. Ein schlechter Partner hingegen kann zu Verzögerungen, mangelhafter Qualität und unzufriedenen Kunden führen.

Zunächst sollten Sie sicherstellen, dass der Druckpartner über die erforderlichen Ressourcen verfügt, um Ihre Produkte schnell und effizient zu produzieren. Hierbei spielen Faktoren wie Maschinenpark, Produktionskapazität und Personalstärke eine wichtige Rolle. Auch die Verfügbarkeit von Materialien und Zulieferungen sollte berücksichtigt werden.

Ein weiterer wichtiger Faktor ist die Qualität des Druckprozesses. Hierbei sollten Sie sicherstellen, dass der Druckpartner modernste Technologien und Verfahren einsetzt, um eine hohe Druckqualität zu garantieren. Dies beinhaltet auch die Verwendung hochwertiger Materialien und die Überwachung der Druckprozesse, um sicherzustellen, dass alle Produkte gleichbleibend hoher Qualität produziert werden.

Zusätzlich zur Produktqualität sollte auch die Verfügbarkeit von Kundensupport und technischer Unterstützung berücksichtigt werden. Hierbei sollten Sie sicherstellen, dass der Druckpartner Ihnen bei Fragen und Problemen schnell und effizient weiterhilft und Ihnen dabei hilft, Ihre Prozesse reibungslos zu gestalten.

Ein weiterer Faktor, der bei der Wahl des richtigen Druckpartners berücksichtigt werden sollte, ist dessen finanzielle Stabilität und Nachhaltigkeit. Hierbei sollten Sie sicherstellen, dass der Druckpartner über ausreichende finanzielle Mittel verfügt, um Ihre Produkte effizient zu produzieren und zu verkaufen, und dass er auf lange Sicht geschäftstüchtig ist.

Schließlich ist es wichtig zu berücksichtigen, dass eine langfristige und enge Partnerschaft mit dem Druckpartner aufgebaut werden sollte. Ich würde Ihnen empfehlen einige Samples, also Testprodukte bei dem potenziellen Druckanbieter zu bestellen. So können Sie sich von dem Service, der Versandzeit und der Qualität selbst überzeugen.

Sollten Sie sich einen Überblick verschaffen wollen, welche Druckanbieter es auf dem Markt gibt, dann schauen Sie sich dieses Video an:
Finde den besten Print On Demand Anbieter für deinen Shop?…
Alternativ: https://www.youtube.com/watch?v=-XGJm8RiURE

Design und Produkterstellung für Print on Demand

Design und Produkterstellung sind ein wesentlicher Bestandteil des Online-Geldverdienens mit Print on Demand. Es ist wichtig, sorgfältig zu planen und zu entscheiden, welche Produkte man anbieten möchte, bevor man mit der Produkterstellung beginnt. Hier sind ein paar wichtige Überlegungen, die bei der Entscheidung helfen können:

1. Zielgruppe:

Überlegen Sie sich, wer Ihre Zielgruppe ist und welche Art von Produkten diese interessieren könnten. Dies kann Ihnen bei der Auswahl der Produkte helfen.

2. Nachfrage:

Überprüfen Sie, ob es eine Nachfrage nach den Produkten gibt, die Sie anbieten möchten. Wenn Sie ein einzigartiges Produkt anbieten, das noch nicht auf dem Markt verfügbar ist, können Sie eine größere Nachfrage generieren.

3. Konkurrenz:

Überprüfen Sie, wer Ihre Konkurrenten sind und was diese anbieten. Dies kann Ihnen helfen, Ihr Angebot zu differenzieren und zu optimieren.

4. Qualität:

Stellen Sie sicher, dass Ihre Produkte von hoher Qualität sind, damit Kunden zufrieden sind und Ihnen weiterempfehlen.

5. Design:

Das Design ist ein wichtiger Faktor, der den Verkauf beeinflusst. Stellen Sie sicher, dass Ihr Design ansprechend und einzigartig ist. Verwenden Sie hochwertige Bilder und Grafiken, um das Design zu verbessern.

Nachdem Sie diese Überlegungen angestellt haben, können Sie mit der Erstellung Ihrer Produkte beginnen. Verwenden Sie eine Online-Plattform, um Ihre Designs hochzuladen und zu verwalten. Einige Plattformen bieten auch eine Vielzahl von Produkten an, die Sie verkaufen können, während andere spezialisiertere Produkte anbieten. Stellen Sie sicher, dass Sie sich Zeit nehmen, um die verschiedenen Optionen zu vergleichen und die beste für Ihre Bedürfnisse zu wählen.

Nach der Erstellung Ihrer Produkte ist es wichtig, regelmäßig Feedback von Kunden zu sammeln, um sicherzustellen, dass Sie Ihr Angebot verbessern und Ihre Kunden zufrieden sind. Verwenden Sie Marketingstrategien, um Ihre Produkte zu bewerben und zu verkaufen.

Alles steht und fällt mit dem Design. Selbst das beste Marketing kann aus einem schlechten Design keinen Bestseller schaffen. Sollten Sie noch am Anfang Ihrer POD Karriere stehen, dann ist das nicht schlimm. Sie werden mit der Zeit immer besser und besser.

Für alle, die schneller bessere Designs erstellen wollen, können sich diese Playlist anschauen. Schauen Sie sich jedes Video einmal an und dann noch einmal, jedoch machen Sie sich dabei dann Notizen. Diese versuchen Sie dann nach und nach umzusetzen. Hier geht es zur Playlist:

 T-Shirt Business: Mit 3 Klicks Unendlich Viele Designs 🔥
Alternativ:
https://www.youtube.com/watch?v=LBWy34V4VII&list=PL2IKZBX7 wDwwObggliZyHTHDD41z4mx5U

Marktforschung und Produktnische finden

Marktforschung und das Finden der richtigen Produktnische sind wichtige Schritte, um erfolgreich mit Print on Demand (POD) online Geld zu verdienen. Eine sorgfältige Analyse des Marktes und der potenziellen Kundenbedürfnisse ist unerlässlich, um ein erfolgreiches POD-Geschäft aufzubauen. Ohne ein tiefes Verständnis dessen, was Kunden wollen und benötigen, wird es schwer sein, eine erfolgreiche Produktstrategie zu entwickeln.

Die Marktforschung kann auf verschiedene Arten durchgeführt werden, einschließlich der Überprüfung von Konkurrenten, der Nutzung von Online-Tools und der Durchführung von Umfragen und Kundenbefragungen. Die Analyse von sozialen Medien und Online-Foren kann ebenfalls wertvolle Einblicke in die Bedürfnisse und Vorlieben potenzieller Kunden liefern.

Ein wichtiger Teil des Prozesses ist das Finden einer Produktnische, die noch nicht überfüllt ist und in der es eine Nachfrage nach bestimmten Produkten gibt. Hier kann man sich von der Konkurrenz abheben und ein Alleinstellungsmerkmal schaffen. Hierbei sollte man sich Gedanken machen, welche Bedürfnisse und Wünsche unerfüllt sind und welche Produkte es dafür noch nicht auf dem Markt gibt.

Eine sorgfältige Marktforschung und das Finden der richtigen Produktnische kann den Weg zum erfolgreichen Online-Geldverdienen mit POD ebnen. Es ist wichtig, sich Zeit zu nehmen und eine solide Strategie zu entwickeln, bevor man mit der Produkterstellung beginnt. Indem man die Bedürfnisse und Vorlieben potenzieller Kunden versteht, kann man eine erfolgreiche Produktlinie entwickeln, die bei den Kunden ankommt und gefragt ist.

Informationen zum richtigen finden einer Nische finden Sie hier:
▣ Amazon Bestseller finden 🔥 Tshirt Business Research
Alternativ:
https://www.youtube.com/watch?v=pCgzQkx5j7s&list=PL2IKZBX7w
DwxHxM_u4HgsGpLq94yh2sLy

Erstellung eines erfolgreichen Online-Shops

Ein erfolgreicher Online-Shop ist ein wichtiger Bestandteil des Geschäftsmodells "Print on Demand". Um einen erfolgreichen Online-Shop zu erstellen, gibt es ein paar Schritte, die man befolgen sollte. Hier sind einige Tipps, die Ihnen helfen können:

Zielgruppe definieren: Bevor Sie mit der Erstellung Ihres Online-Shops beginnen, sollten Sie Ihre Zielgruppe definieren. Überlegen Sie sich, wer Ihre Zielgruppe ist und was diese Kunden wollen.

Wählen Sie die richtige E-Commerce-Plattform: Es gibt viele E-Commerce-Plattformen, die Sie für Ihren Online-Shop verwenden können. Wählen Sie eine Plattform, die zu Ihren Bedürfnissen passt und die Ihnen die nötigen Funktionen bietet, um einen erfolgreichen Online-Shop zu betreiben.

Optimiertes Design: Ein gut designtes Online-Shop kann dazu beitragen, dass Kunden in Ihrem Shop verweilen und mehr kaufen. Überlegen Sie sich, wie Sie Ihren Shop gestalten möchten, um eine gute Benutzererfahrung zu bieten.

Verwenden Sie Produktbilder: Eine gute Präsentation Ihrer Produkte ist entscheidend für den Erfolg Ihres Online-Shops. Verwenden Sie hochwertige Produktbilder, um Ihre Produkte gut darzustellen.

Angebot anpassen: Überlegen Sie sich, welche Produkte Sie anbieten möchten und passt das Angebot entsprechend Ihrer Zielgruppe und Ihrem Geschäftsmodell an.

Suchmaschinenoptimierung: Optimieren Sie Ihren Online-Shop für Suchmaschinen, um sicherzustellen, dass Kunden Ihren Shop finden können, wenn sie nach Produkten suchen, die Sie anbieten.

Kundenservice: Stellen Sie sicher, dass Sie einen guten Kundenservice bieten, um zufriedene Kunden zu gewinnen und zu halten.

Marketing-Maßnahmen: Überlegen Sie sich, wie Sie Ihren Online-Shop bewerben möchten, um neue Kunden zu gewinnen und mehr Umsatz zu generieren.

Überwachung und Optimierung: Überwachen Sie den Erfolg Ihres Online-Shops und optimieren Sie ihn, wenn nötig, um den Umsatz zu steigern.

Analyse von Daten: Verwenden Sie Datenanalysetools, um Ihre Verkäufe und Marketingstrategien zu überwachen und zu optimieren. Dies hilft Ihnen, Ihre Zielgruppe besser zu verstehen und gezieltere Entscheidungen zu treffen. Verfolgen Sie beispielsweise, welche Produkte am besten verkauft werden, welche Werbekanäle am effektivsten sind und welche Kunden am häufigsten zurückkehren. Dadurch können Sie Ihre Marketingstrategie und Produktangebote verbessern, um mehr Umsatz und Gewinn zu erzielen.

Verwenden Sie auch Google Analytics oder ein ähnliches Tool, um Ihre Website-Traffic-Statistiken zu überwachen und zu analysieren. So können Sie sehen, wo Ihre Besucher herkommen, wie lange sie auf Ihrer Website bleiben und welche Produkte am häufigsten gekauft werden. Mit diesen Informationen können Sie Ihre Website und Ihre Marketingstrategie entsprechend anpassen, um bessere Ergebnisse zu erzielen.

Ein eigener online Shop ist jedoch nicht zwingend notwendig. Alternativ können Sie auch über das Amazon eigene Programm "Amazon Merch On Demand" - früher Merch by Amazon (MBA) verkaufen. Hierbei bietet Amazon Ihnen die komplette Infrastruktur, Sie müssen nur Ihr Design hochladen, einen kleinen Text schreiben und auch hochladen drücken.

Bei um bei dem Programm mitzumachen, ist eine Bewerbung notwendig. Wie diese funktioniert, sehen Sie hier:

▶ Amazon Merch On Demand Bewerbung 2023 🔥 Merch by A… Alternativ hier: https://www.youtube.com/watch?v=Ghm6GGZZe7E

Vermarktung von Print on Demand Produkten

Vermarktung von Print on Demand Produkten ist ein wichtiger Aspekt beim Online-Geldverdienen. Um erfolgreich zu sein, müssen Sie Ihre Produkte an die richtige Zielgruppe verkaufen. Hier sind einige Tipps und Tricks, die Ihnen helfen können, Ihre Print on Demand Produkte erfolgreich zu vermarkten.

Zunächst sollten Sie sich Gedanken über Ihre Zielgruppe machen. Wer ist Ihre ideale Zielgruppe und welche Bedürfnisse haben diese Personen? Dies hilft Ihnen bei der Gestaltung Ihrer Marketingstrategie und bei der Wahl der richtigen Plattformen für Ihre Werbung.

Eine weitere Möglichkeit, Ihre Print on Demand Produkte zu vermarkten, ist das Nutzen von sozialen Medien. Platzieren Sie Ihre Produkte auf Plattformen wie Instagram, Facebook, TikTok und Pinterest, um Ihre Zielgruppe zu erreichen. Verwenden Sie Hashtags und fördern Sie Ihre Beiträge, um mehr Sichtbarkeit zu erreichen.

Ein weiterer wichtiger Aspekt der Vermarktung von Print on Demand Produkten ist das Sammeln von Bewertungen und Feedback von Kunden. Dies hilft Ihnen, Ihre Produkte und Ihren Online-Shop zu verbessern und die Vertrauenswürdigkeit bei potenziellen Kunden zu erhöhen.

Ein effektives Affiliate-Marketing-Programm kann ebenfalls hilfreich sein. Hierbei bezahlen Sie andere Personen oder Unternehmen dafür, dass sie Ihre Produkte bewerben und verkaufen. Dies kann eine großartige Möglichkeit sein, Ihre Produkte an eine größere Zielgruppe zu verkaufen.

Ein weiterer wichtiger Aspekt der Vermarktung von Print on Demand Produkten ist das Nutzen von E-Mail-Marketing. Versenden Sie regelmäßig E-Mails an Ihre Kundenliste, um sie über neue Produkte und Angebote zu informieren. Hierbei können Sie auch kostenlose Gutscheine oder Sonderangebote anbieten, um Kunden zu ermutigen, Ihre Produkte zu kaufen.

Schließlich können Sie auch bezahlte Werbung auf Plattformen wie Google Ads, TikTok oder Facebook und Instagram nutzen. Hierbei zahlen Sie für eine bestimmte Anzahl von Impressionen oder Klicks auf Ihre Anzeige.

Optimierung von Konversionen und Umsatz

Optimierung von Konversionen und Umsatz ist ein wichtiger Faktor für den Erfolg Ihres Print on Demand (POD) Geschäfts. Es geht darum, Ihre Kunden dazu zu bewegen, Ihre Produkte zu kaufen, und Ihren Umsatz zu steigern. Hier sind einige Tipps und Techniken, die Sie anwenden können, um Ihre Konversionen zu optimieren und Ihren Umsatz zu steigern.

1. Verwenden Sie attraktive Produktbilder:

Ein aussagekräftiges und ansprechendes Produktbild kann dazu beitragen, dass Ihre Kunden Ihre Produkte kaufen. Stellen Sie sicher, dass Ihre Produktbilder hochwertig und gut beleuchtet sind.

2. Angeben Sie Ihre USPs klar und deutlich:

Was unterscheidet Ihre Produkte von denen Ihrer Konkurrenten? Stellen Sie sicher, dass Sie Ihre USPs klar und deutlich auf Ihrer Website kommunizieren.

3. Verwenden Sie Social-Proof-Elemente:

Social-Proof-Elemente wie Kundenbewertungen und Testimonials können dazu beitragen, dass Ihre Kunden Ihre Produkte kaufen. Verwenden Sie diese Elemente auf Ihrer Website und in Ihren Marketingaktivitäten.

4. Bieten Sie eine gute Kundenbetreuung:

Eine gute Kundenbetreuung kann dazu beitragen, dass Ihre Kunden zufrieden sind und Ihre Produkte weiterempfehlen. Stellen Sie sicher, dass Sie eine schnelle und hilfreiche Kundenbetreuung bereitstellen.

5. Verwenden Sie eine benutzerfreundliche Checkout-Seite:

Eine benutzerfreundliche Checkout-Seite kann dazu beitragen, dass Ihre Kunden ihren Kauf abschließen. Stellen Sie sicher, dass Ihre Checkout-Seite einfach zu verwenden und sicher ist.

6. Verwenden Sie eine sichere Zahlungsmethode:

Eine sichere Zahlungsmethode kann dazu beitragen, dass Ihre Kunden ihren Kauf abschließen. Verwenden Sie eine bekannte und vertrauenswürdige Zahlungsmethode wie PayPal oder Stripe.

7. Bieten Sie eine kostenlose Lieferung an:

Eine kostenlose Lieferung kann dazu beitragen, dass Ihre Kunden Ihre Produkte kaufen. Achten Sie jedoch dabei auf Ihre Kalkulation. Schlagen Sie den Preis für den Versand am besten auf den Verkaufspreis darauf, um alle Ihre Kostendeckend zu können.

Verwaltung und Überwachung des Geschäfts

Verwaltung und Überwachung des Geschäfts ist ein wichtiger Faktor bei der Verwirklichung des Erfolgs bei Online-Geldverdienen mit Print on Demand. Um sicherzustellen, dass alles reibungslos verläuft und eine maximale Rentabilität erreicht wird, ist es wichtig, bestimmte Schritte zu unternehmen.

Erstens, müssen Sie regelmäßig Ihre Finanzen überprüfen und verwalten. Stellen Sie sicher, dass Sie über ausreichende Mittel verfügen, um Ihre Geschäftskosten zu decken und gleichzeitig Ihre Gewinne zu maximieren. Überwachen Sie auch Ihre Ausgaben und passen Sie sie an, wenn nötig.

Zweitens, müssen Sie Ihre Kundenfeedbacks überwachen und auswerten. Feedback ist ein wertvolles Werkzeug, um die Zufriedenheit Ihrer Kunden zu erfassen und Ihr Geschäft entsprechend anzupassen. Verwenden Sie Feedback, um Ihre Produkte und Ihren Online-Shop ständig zu verbessern.

Drittens, müssen Sie Ihre Konkurrenz beobachten. Verfolgen Sie die Aktivitäten Ihrer Konkurrenten und achten Sie darauf, dass Sie immer auf dem neuesten Stand bleiben, was neue Trends und Entwicklungen betrifft. Nutzen Sie diese Informationen, um Ihr eigenes Geschäft zu verbessern.

Viertens, müssen Sie regelmäßig Ihre Marketingstrategie überprüfen und optimieren. Stellen Sie sicher, dass Ihre Marketingbemühungen effektiv und zielgerichtet sind, um eine maximale Reichweite und Konversion zu erzielen.

Schließlich, ist es wichtig, Ihre eigene Fähigkeiten und Wissen ständig zu verbessern. Lernen Sie von anderen erfolgreichen Online-Unternehmern und investieren Sie in Ihre eigene Weiterbildung, um Ihr Geschäft auf dem neuesten Stand zu halten.

Mit diesen Schritten können Sie Ihr Geschäft effektiv verwalten und überwachen, um sicherzustellen, dass Sie eine maximale Rentabilität und einen dauerhaften Erfolg erzielen. Durch ständige Überwachung, Optimierung und Weiterbildung können Sie Ihr Online-Geldverdienen mit Print on Demand Geschäft auf ein neues Niveau bringen.

Skalierung des Geschäfts und Umsatzsteigerung

Skalierung des Geschäfts und Umsatzsteigerung sind wichtige Ziele für jedes Unternehmen, einschließlich jenes, das im Bereich Print on Demand tätig ist. Um dies zu erreichen, müssen jedoch bestimmte Maßnahmen ergriffen werden.

Zunächst einmal ist es wichtig, eine solide Basis für das Geschäft zu schaffen, indem man sicherstellt, dass die Prozesse und Abläufe effizient laufen. Dies kann durch eine regelmäßige Überprüfung und Optimierung erreicht werden. Außerdem sollte man auch eine umfassende Marktforschung durchführen, um sicherzustellen, dass man ein Verständnis für die Bedürfnisse seiner Zielgruppe hat und dementsprechend produzieren kann.

Eine weitere Möglichkeit, das Geschäft zu skalieren und den Umsatz zu steigern, besteht darin, das Angebot an Produkten zu erweitern. Dies kann durch die Hinzufügung neuer Produkte oder die Schaffung von neuen Produktlinien geschehen. Es ist jedoch wichtig, sicherzustellen, dass man sich auf seine Stärken konzentriert und sich nicht in eine Richtung ausweitet, in der man keine Erfahrung hat.

Ein weiterer wichtiger Faktor für die Skalierung des Geschäfts ist die Vermarktung. Hierbei kann man verschiedene Methoden einsetzen, wie beispielsweise soziale Medien, Influencer-Marketing oder E-Mail-Marketing. Es ist jedoch wichtig, sicherzustellen, dass man eine Strategie hat, die auf die Bedürfnisse seiner Zielgruppe abgestimmt ist, um die besten Ergebnisse zu erzielen.

Schließlich sollte man auch darüber nachdenken, seine Prozesse und Abläufe zu automatisieren. Dies kann durch den Einsatz von Technologie und Tools erreicht werden, die die manuelle Arbeit reduzieren und die Effizienz erhöhen. Hierbei kann man beispielsweise eine E-Commerce-Plattform nutzen, die bereits eine Reihe von Funktionen anbietet, die für das Geschäft hilfreich sind.

Zusammenfassend lässt sich sagen, dass die Skalierung des Geschäfts und die Steigerung des Umsatzes erreicht werden können, indem man eine solide Basis schafft, das Angebot an Produkten und Designs erweitert, die Vermarktung verbessert und die Konversionen optimiert. Außerdem ist es wichtig, die Daten und Finanzen des Geschäfts ständig zu überwachen und Analysen durchzuführen, um Prozesse zu verbessern und den Umsatz zu erhöhen.

Zukunftsaussichten und Weiterentwicklung im Online-Geldverdienen mit Print on Demand

Die Zukunftsaussichten im Online-Geldverdienen mit Print on Demand sind sehr vielversprechend. Durch die fortschreitende Technologie und den ständigen Zuwachs an Online-Käufern werden die Möglichkeiten, Geld mit POD zu verdienen, immer größer. Es ist jedoch wichtig zu berücksichtigen, dass die Konkurrenz in diesem Bereich steigt und es immer wichtiger wird, sich von anderen Anbietern abzuheben.

Eine Möglichkeit, die Zukunftsaussichten im Online-Geldverdienen mit Print on Demand zu verbessern, ist die Diversifikation des Angebots. Indem man neue Produkte und Nischen entdeckt, kann man das Geschäft ausweiten und mehr Umsatz generieren. Eine weitere Möglichkeit ist die Nutzung neuer Marketing- und Verkaufsstrategien, um die Konversionen zu optimieren und mehr Traffic auf die Online-Shop-Seite zu lenken.

Eine weitere wichtige Überlegung für die Zukunft des Online-Geldverdienens mit Print on Demand ist die Nutzung von Technologie. Durch die Verwendung von künstlicher Intelligenz und maschinellem Lernen kann man Prozesse automatisieren, Effizienz steigern und dadurch mehr Zeit für andere wichtige Aspekte des Geschäfts aufwenden.

Zusammenfassend lässt sich sagen, dass die Zukunftsaussichten im Online-Geldverdienen mit Print on Demand sehr vielversprechend sind. Um jedoch erfolgreich zu sein, muss man ständig an sich arbeiten und sich weiterentwickeln, indem man neue Produkte, Nischen und Technologien nutzt.

Danksagung

Sehr geehrte Leserinnen und Leser,

ich möchte mich herzlich bei Ihnen bedanken, dass Sie sich die Zeit genommen haben, mein Buch zum Thema "Online-Geldverdienen mit Print on Demand" zu lesen. Es ist mir eine große Freude, dass ich Ihnen dabei helfen konnte, das Konzept von POD besser zu verstehen und dass ich Ihnen hilfreiche Tipps und Tricks für den Einstieg in dieses Geschäftsfeld mit auf den Weg geben konnte.

Ich bin dankbar für die Unterstützung und das Vertrauen, das Sie mir entgegengebracht haben, indem Sie mein Buch gekauft haben. Mein Ziel war es, ein Buch zu schreiben, das informativ, praktisch und inspirierend ist und das Ihnen hilft, Ihre Träume vom Online-Geldverdienen zu verwirklichen. Ich hoffe, dass ich dieses Ziel erreicht habe.

Ein besonderes Dankeschön gilt meiner Familie und meinen Freunden, die mich bei der Arbeit an diesem Buch unterstützt und ermutigt haben. Ohne ihre Liebe und ihr Verständnis hätte ich dieses Projekt nicht abschließen können.

Zu guter Letzt möchte ich auch all jenen danken, die mich dazu inspiriert haben, dieses Buch zu schreiben. Ihre Geschichten und Erfahrungen haben mich dazu ermutigt, mein Wissen und meine Erfahrungen mit anderen zu teilen.

Nochmals vielen Dank für Ihre Zeit und Ihr Interesse.

Mit freundlichen Grüßen,
CashOutGame

Hilfreiche Links

Hier finden Sie eine kleine Auflistung an Links, die Sie für den Start in das POD Business benötigen könnten. Über ein kostenloses Abonnement auf YouTube würde ich mich auch sehr freuen:

https://www.youtube.com/@cashoutgame

Instagram:
👉 https://bit.ly/COG-Instagram

Kostenloser POD STARTER GUIDE:
👉 https://bit.ly/PODStarterGuide

Kostenloses Merch by Amazon Tool:
👉 http://bit.ly/Productor-MBA

Kostenloses Spreadshirt Tool:
👉 http://bit.ly/Productor-Spreadshirt

Kostenlosen Shopify Store erstellen
👉 shopify.pxf.io/cashoutgame

Keine Zeit selbst hochzuladen? Nutze ein Uploadtool:
Merch Titans Automation:
👉 http://bit.ly/COG-MTA

Zum FylingResearch Tool:
👉 https://bit.ly/COG-FlyingResearch

Du brauchst hochwertige Designs?
Vexels:
👉 http://bit.ly/COG-Vexels

Nischenanalyse mit dem All in one Tool Merchreport:

100% kostenlos:
👉 http://bit.ly/Merchreport-Free

Advanced:
👉 http://bit.ly/Merchreport-Advanced

Basic:
👉 http://bit.ly/Merchreport-Basic

Trademarkcheck für DE:
👉 https://register.dpma.de/DPMAregister/marke/basis

www.ingramcontent.com/pod-product-compliance
Lightning Source LLC
Chambersburg PA
CBHW070752220526
45467CB00018B/2099